Vanille de Tahiti

Par

Jean-Louis Saquet

Édité par Yvan C. Goudard

ISBN: 1480021059
ISBN-13: 978-1480021051

REMERCIEMENTS

Nous remercions pour l'aide qu'ils nous ont apporté :

L'ami Pierre qui a facilité cette réalisation.

Philippe Bacchet, Christian Beslu, Remi Carbayol, J.J. Laurent et M. Nordin.

Jerry Lehartel et Timiia Cuthers pour leur accueil au sein de *puafakahotu* société préparatrice, médaillée d'argent et de bronze.

L'Établissement Vanille de Tahiti pour les données scientifiques et techniques contenues dans les textes.

PREFACE

À peine plus d'une vie d'homme suffit à cette liane exotique pour parvenir à la forme endémique tahitienne qu'est la vanille aujourd'hui.

Ce cheminement rapide et peu prévisible a traversé cent cinquante années d'une histoire coloniale comparable à celles des grandes plantations des contrées chaudes du monde. Recherches, espoirs, tâtonnements et atermoiements humains ont accompagné la vanilleraie, isolée au centre du grand océan, dans sa mutation invisible et silencieuse.

Ainsi, la vanille de Tahiti est différente. Située sur le marché mondial comme produit « haut de gamme », sa particularité la rend plus rare, et donc plus coûteuse à l'achat.

TABLE DES MATIERES

REMERCIEMENTS   Pg 03

PRÉFACE   Pg 05

1 - UN PEU DE BOTANIQUE   Pg 09

2 - HISTOIRE D'UNE DÉCOUVERTE   Pg 13

3 - EXPLOITATION ET PLANTATIONS   Pg 19

4 - LA CULTURE DE LA VANILLE DE TAHITI   Pg 33

5 - UN ARÔME SPÉCIFIQUE ET PUISSANT   Pg 43

A PROPOS DE L'AUTEUR   Pg 51

UN PEU DE BOTANIQUE

La vanille provient du fruit d'une liane grimpante tropicale de la famille des *Orchidacae*, la plus grande famille des plantes à fleurs dans le monde.

Des quelque 35 000 espèces connues, l'orchidée vanille produit le seul fruit comestible.

Cette fleur est dépourvue d'odeur ainsi que son fruit qui doit être séché après maturité pour développer la vanilline qui est contenue à l'intérieur. Les lianes, qui aiment un climat chaud et humide, se développent bien dans toutes les zones comprises de 0 à 25° de part et d'autre de l'équateur.

L'ensoleillement doit être limité, et son terrain propice va du niveau de la mer à une altitude maximum de 500 mètres. Certaines espèces existent cependant à l'état naturel à plus de 1 000 mètres au Mexique, mais leur qualité est inférieure.

Les conditions de culture sont idéales à Tahiti où la pluviométrie et la saison sèche modérée sont favorables au bourgeonnement et à la fructification de la plante.

Il existe plus de cinquante espèces d'orchidées vanille, mais seulement trois sont exploitées pour leur rendement optimal. *Vanilla planifolia* et *Vanilla pompona* dont le croisement aurait donné *Vanilla tahitensis*.

En outre, deux formes sont cultivées en Polynésie française :

- La *Haapape* donne des feuilles longues et charnues en gouttière, des gousses de 18/20 cm de long, arrondies vers la base puis trigone, et une teneur en vanilline de 1,4 %.

- La *Tahiti*, elle, a des feuilles sans gouttière, et donne des gousses plus courtes d'une teneur de 1,8 % en vanilline.

À l'état sauvage, les lianes de l'orchidée vanille peuvent grimper sur des troncs d'arbres jusqu'à plus de vingt mètres de hauteur.

Aujourd'hui les vanillières sont uniformisées en Polynésie française. Étudiées puis officialisées par un établissement public, les plantations se font « sous ombrières », c'est-à-dire protégées du soleil direct par une fibre synthétique et perméable.

La forme et l'espacement des tuteurs en ciment sont imposés et les techniques préconisées se veulent indispensables. En effet, dans le cadre de la relance de la production, le gouvernement a voulu une procédure efficace qui tende à optimiser les rendements. Ainsi, si les vanillières ont perdu le charme de leur cadre environnemental ancien, elle permettent en revanche une grande vitalité des lianes désormais bien plus généreuses, un entretien méthodique et un bon état sanitaire de l'ensemble.

HISTOIRE D'UNE DÉCOUVERTE

On ne sait rien de l'origine exacte de la vanille, ou du moins de ce qu'était son utilisation. Découverte par les Européens en Amérique Centrale, les chercheurs ne purent remonter qu'à une époque relativement récente durant laquelle les tribus et clans locaux s'en servaient, à l'instar du cacao, comme monnaie d'échange. Nous pouvons donc supposer que ces végétaux, qui possédaient des vertus et des promesses considérables, ne furent jamais abondants.

Les gousses étaient alors employées comme source de parfum et comme tonique médicinal. Quand Colomb retourna en Espagne et parla de ses découvertes accidentelles, le gouvernement voulut tirer parti de ces opportunités. En une dizaine d'années, une colonie espagnole s'est fermement implantée à Cuba et les jeunes gens intéressés furent invités à mettre en valeur de nouvelles terres.

Dès lors, des gousses de vanille étaient ramenées en Europe avec des teintures inconnues et des cosses de cacao.

Aucun écrit ne précise que la vanille fut alors identifiée à un agent de saveur mais plutôt à un parfum.

En 1510, lorsque Cortés, l'un des jeunes Espagnols explorateurs du Nouveau Monde, atterrit sur la côte sud-est du Mexique avec ses soldats, l'empire Aztèque rayonnait de toute sa splendeur.

Parvenus à Tenochtilan, la capitale, le scribe de Cortés nota que le roi Montézuma buvait du chocolat, une boisson faite à partir d'une poudre de grains écrasés et de maïs. Le tout était parfumé de *Tlilxochitl* (nom aztèque de la gousse de vanille ?) et de miel.

Mais si ce breuvage fut servi à Hernan Cortés lui-même et les ingrédients indiqués à Diaz (le scribe), les Aztèques ne dévoilèrent pas comment la boisson était parfumée et préparée.

Finalement et malgré l'accueil chaleureux dont ils profitèrent, les Espagnols asservirent les indigènes et le roi perdit sa ville, sa recette, son or et sa vie.

Selon les auteurs, Cortés aurait ramené la vanille en Espagne pour la présenter à son roi. Pour d'autres, ce serait Bernardino Sahagun, un moine franciscain vivant au Mexique depuis 1529, qui aurait instruit les Européens au sujet de l'odorante gousse, au moyen d'une Histoire générale des choses de la Nouvelle Espagne, écrite à l'origine en langue aztèque, et dont la traduction aurait été disponible en 1560.

Dans le même temps, les Européens, qui avaient découvert que la vanille avait un goût, établirent des ateliers pour la transformation et la fabrication du chocolat à la vanille. Puis les « spécialistes », l'un après l'autre, donnèrent leur version sur l'étude du fruit merveilleux.

Le botaniste français Charles de l'Ecluse (1526-1609), surnommé *Carolus Clusius*, baptise le fruit *Lobus oblongus aromaticus* en 1605. L'Espagnol Francisco Hernandez, envoyé à la même époque au Mexique par le roi Philipe II, publiera en 1651 à Rome : *Rerum Medicarum Novae Hispaniae Thesaurus*, dans lequel il identifia cette plante comme *Araco aromatico* et nota que le fruit n'était pas seulement utilisé pour son arôme mais aussi pour ses qualités médicinales.

Le nom de vanille, quant à lui, fut approché pour la première fois en 1658 par William Piso qui appela les gousses *vaynilla*.

La plupart des auteurs expliquent que le mot vanille est dérivé du terme espagnol *vainilla*, lui-même issu du latin *vagina*, qui a également donné vagin et signifie gaine, gousse ou étui. L'étymologie directe viendrait de *vaina*, graine filiforme.

L'appellation tahitienne *vanira*, dérivée de l'anglais *vanilla*, a été entérinée en 1999 par les Académiciens.

De grands espoirs

Nous estimons donc la période située entre 1600 et 1650 comme l'époque à laquelle la vanille, en devenant populaire, était considérée comme additif au chocolat, puis agent de saveur à part entière.

La reine Elisabeth Ier d'Angleterre devait donner le ton en demandant que tous ses repas soient parfumés de ces petites graines noires. D'ailleurs, ce sont évidemment les Cours d'Europe qui inventèrent la glace à la vanille.

Les Espagnols de leur côté, qui avaient adjoint la vanille au chocolat, l'abandonnèrent au profit de la cannelle, alors que les Français adoraient la gousse à la mode. Jusqu'au XVIIIe siècle, la vanille fut utilisée en France plus que partout ailleurs en Europe. On raconte que Thomas Jefferson l'aurait découverte lors d'un séjour à Paris et qu'à son retour aux USA en 1789, où il devait s'établir en tant que Secrétaire d'État à Philadelphie (la capitale nationale de l'époque), il ne parvint pas à s'en procurer dans le commerce local, l'agréable produit y étant encore inconnu. Avec ce succès commença le bouturage, depuis l'isthme américain vers toutes les colonies tropicales de diverses nations. On doit la première introduction de boutures à Paris à l'anglais Philippe Miller en 1812, mais bien avant, Louis XIV, sous le charme, avait ordonné de tenter, sans succès, la culture de la liane sur l'île Bourbon (La Réunion). Les boutures prirent partout mais si les plants grandirent et fleurirent quelquefois, ils ne produisirent jamais de fruits. S'installa alors la rumeur selon laquelle ces plantes ne pouvaient produire que dans leur habitat naturel d'origine. Déçus et résignés à devoir importer d'une seule provenance les gousses tant prisées, les négociants désormais habitués à cette situation, apprirent soudain en 1807, qu'un amateur anglais avait obtenu une fructification, et ce, en zone non tropicale.

Les jardins botaniques d'Anvers et de Paris se procurèrent aussitôt des boutures de cette plante phénoménale. Pourtant, arrivées à l'âge de se reproduire, les lianes restèrent vierges. Même les boutures de la même origine anglaise transplantées à Java se contentèrent de développer de belles fleurs, stériles aussi. Ce n'est qu'en 1836 qu'un botaniste belge, Charles Morren, résolu le mystère. Le phénomène accidentel survenu en Angleterre allait bientôt pouvoir s'expliquer. Séjournant longuement au Mexique, Morren observa les lianes dans leur environnement originel et découvrit que les fleurs avaient besoin d'être pollinisées individuellement pour donner des fruits. Cette opération était naturellement faite par une petite abeille, la *Melipona beechi* ou encore *Euglossa viridissima*, et par certaines espèces d'oiseaux-mouches qui, butinant de fleur, en fleur transféraient le pollen. Comme ces insectes et oiseaux endémiques n'existaient pas ailleurs, aucune pollinisation n'avait lieu. Morren constata également que les Totonaques étaient parfaitement au courant de ce fonctionnement naturel et s'étaient bien gardés d'en informer les cueilleurs de boutures, et pour cause, les indiens de cette région de Veracruz restèrent jusqu'au milieu du XIXe siècle les premiers producteurs mondiaux de vanille. Avec cette découverte, la possibilité de culture devint une réalité. Encore fallait-il parvenir à obtenir le « mariage ».

Le bon geste

Ce n'est qu'en 1841 qu'un jeune esclave réunionnais de douze ans, Edmond, créa la méthode de pollinisation manuelle encore utilisée aujourd'hui. Avec la pointe d'une petite tige de bambou, il transférait le pollen mâle dans le stigmate femelle de la fleur. Cette pratique fit de l'île Bourbon le premier centre vanillier hors Mexique, quelques décennies seulement après l'introduction de l'orchidée sur place en 1819. À l'abolition de l'esclavage en 1848, on donna au jeune Edmond le patronyme d'Albius, en référence à la couleur blanche (*alba*) de la fleur de vanille. Depuis Bourbon, les plantations se sont alors rapidement développées à Madagascar, Maurice, Comores, Seychelles, Ceylan, Java, Indonésie, Philippines, Tahiti, en Afrique et dans les Caraïbes. À Tahiti, cette première exploitation se fit au moyen de plants de *Vanilla planifolia* nommée encore *Vanilla aromatica fragans* ou *mexicana*, croisés à partir de 1850 avec d'autres espèces. Au plan mondial, c'est Madagascar, où les planteurs réunionnais élargirent leurs espaces cultivables en 1880, qui devint alors premier producteur du XXe siècle avec, par exemple pour 1929, une exportation de 1 000 tonnes.

EXPLOITATIONS ET PLANTATIONS
AU TEMPS DES COLONIES

Après le passage des explorateurs et des scientifiques du XVIIe siècle, qui n'avaient alors que la seule ambition de mieux connaître les îles récemment découvertes, l'intérêt mercantile des étrangers pour de possibles ressources à exploiter se précisa rapidement.

À l'instar des Espagnols qui, bien avant les Anglais, pratiquèrent cette stratégie, Londres envoya d'abord dans les îles principales des évangélistes. Il était en effet plus simple et moins coûteux pour une nation coloniale, qui souhaitait tenter d'exploiter le sol et les eaux d'un nouveau pays, de conquérir les âmes avant d'user de la force, si cela devait être nécessaire.

Dès lors, les voyages du capitaine Bligh venu prélever des plants d'arbre à pain destinés à la Jamaïque, marquèrent le début pour les Européens d'un recours systématique à Tahiti lorsque le produit n'existait pas ailleurs.

Les manœuvres politiques viendront plus tard.

En moins de 50 ans, l'économie des îles connut une évolution rapide et profonde. Tout d'abord avec le porc salé, le manioc et l'huile de coco, Tahiti devint un carrefour intéressant dans le grand océan. Ce milieu du XIXe siècle fut aussi l'époque des baleiniers, des planteurs de santal et de la collecte des nacres.

Autant de traites qui attiraient des centaines de bateaux autour des archipels tahitiens.

L'escale sûre et accueillante de Tahiti pour les navigateurs européens fut certainement aussi déterminante dans le choix de la destination.

En effet, les attaques et massacres dont les marins souffrirent aux Hawaii, Samoa ou dans les îles de la future Nouvelle-Zélande donnèrent de l'ensemble de la Polynésie une image de violence et d'hostilité que Tahiti compensait par son calme.

Elle deviendra entre 1800 et 1830 un havre pour les marchands étrangers.

Commerce et environnement géographique

L'Australie, appelée alors Nouvelle-Galles du Sud, n'était encore qu'une terre lointaine d'où les bagnards et les déportés politiques ne devaient jamais revenir. L'élevage et l'agriculture y étaient quasi nuls et les autorités anglaises furent contraintes, pour éviter les disettes, de se tourner vers l'extérieur pour leurs approvisionnements.

Seules dans la Polynésie, Hawaii et Tahiti étaient capables de fournir cette alimentation. Moins lointaine que les Hawaii, avec un sol fertile, un système économique basé sur le troc, et déjà l'habitude de traiter avec les *popa'a*, Tahiti devenait un grand centre d'exploitation de produits vivriers.

Le Major-Général Ferdinand Hamelin commandait la station des côtes occidentales d'Amérique de 1844 à 1848. Durant cette période dans le Pacifique, le Ministère des colonies lui demanda de faire collecter aux Philippines par l'un de ses navires (la frégate « la Virginie ») des plants de vanille pour Tahiti. L'Histoire a retenu ce voyage en 1848, mais Hamelin quitta ses fonctions au tout début de cette année pour regagner Paris, où il sera promu Vice-amiral quelques mois plus tard. Il se pourrait donc qu'il ait commandé cette mission en 1847 et que le voilier soit revenu à Tahiti juste avant la fin de son commandement.

À l'orient du Pacifique, la plaque tournante de Valparaiso était alors le port incontournable des Amériques, à tel point que la piastre chilienne fut, durant une bonne partie du XIXe, la monnaie d'échange en cours dans les îles du sud. Puis ce phare économique déclina lorsque San Francisco devint à son tour, grâce au commerce des fourrures du Grand Nord, le port américain obligé.

Papeete en 1848 dessiné par C. Shipley.

La France annexe Tahiti

Avec la ratification du protectorat de Tahiti par la France en 1843, les allées et venues des navires militaires dans la zone se firent constants. Ainsi, puisque l'État entendait protéger les colons français, les mouvements maritimes visaient surtout à aider la colonie à se doter de tous les débouchés possibles.

À ce titre, le Major Général Ferdinand Hamelin fit rapporter des Philippines les premiers plants de vanille susceptibles de générer une production intéressante. Du côté des Amériques, la Californie du Sud, trop sèche pour être cultivée, se tourna, durant les années entourant 1850, vers les fruits tahitiens dont une excellente orange, cultivée alors au sud de la grande île et embarquée à Papara. Les lagons les plus profonds de ce calme district abritaient fréquemment les grands voiliers de commerce chargés de nacre. Cependant, si les orangers de Papara furent atteints de maladie et disparurent, les mouillages restèrent fréquentés pour charger une nouvelle marchandise.

En effet l'opportunité de remplacer en partie la production de coton, interrompue par la guerre de Sécession aux USA, permit à des planteurs de pallier la pénurie de la fibre en Europe jusqu'à la fin du conflit en 1865.

La grande plantation d'Atimaono, si proche des embarquements, resta ensuite en friche pendant une cinquantaine d'années avant d'être alors plantée de canne à sucre. Mais ce sucre et ce rhum, aux débouchés uniquement locaux, ne résista pas aux produits importés et, au bout de vingt ans, l'exploitation cessa.

Le Capitaine de Vaisseau Louis-Adolphe Bonard, second marin ayant joué un rôle dans l'introduction de la vanille à Tahiti, fut le représentant de la France en Océanie de 1842 à 1852, puis nommé Contre-Amiral en 1855.

Aujourd'hui, il est difficile d'imaginer l'activité portuaire qui animait le lagon de Papara au milieu du XIXe siècle.

Le choix vanille

Il est aujourd'hui communément admis que la *Vanilla tahitensis* est le fruit d'une union heureuse entre *planifolia*, cultivée dans toutes les colonies après la mise au point de la méthode de pollinisation manuelle, et *Vanilla pompona*.

En fait, rien ne fut aussi simple et rapide.

Si l'on sait que la plante a été introduite des Philippines à Tahiti en 1848 (la date à laquelle les Espagnols l'apportèrent du Mexique à Manille est ignorée), on sait aussi que la qualité d'aujourd'hui ne serait pas encore au rendez-vous avant de longues années.

Ainsi l'on note, dans les Comptes-Rendus des séances de l'Académie des Sciences (Costantin et Bois 1915), qu'à partir d'échantillons prélevés (feuilles, fleurs, fruits) dans tout l'outre-mer français : [… la culture de la vanille à Tahiti a une très grande importance mais donne des produits d'une qualité inférieure à celle des types de la Réunion et de Madagascar et surtout du Mexique.] […l'infériorité de ces vanilles pouvant dépendre de diverses causes : préparation défectueuse, climat ou sol inadapté, variété cultivée de qualité inférieure.]

L'attention des botanistes se fixa surtout sur la dernière possibilité.

Ils notèrent aussi qu'après la première introduction de 1848, Tahiti reçut de nouveaux plants de Paris, *Vanilla planifolia* (du Jardin des Plantes), et *Vanilla pompona* (une Bourbon collectée aux Antilles), amenés par le Capitaine de Vaisseau Bonard en 1850, puis d'une dernière livraison en 1874 avec l'arrivée de *Vanilla planifolia*, originaire du Mexique, transportée par le Commandant Pierre. Cependant, nous lisons encore (Exposition de 1889 de Raoul) : [Quoiqu'elle ne soit pas originaire de Tahiti, la vanille réussit très bien dans les vallées…]

La variété médiocre qu'on avait, seule, pu se procurer au début, aura été remplacée partout par des plants récemment introduits dans la colonie. Ces plants provenant des espèces les meilleures du Mexique et de Bourbon, ont des feuilles plus larges, plus épaisses et plus rondes que les vanilles à feuilles pointues actuellement cultivées.

L'étude réalisée par les auteurs de 1915 permit d'établir que sur les quatre types de vanille envoyés de Tahiti, [... l'un d'eux, appelé *Vanilla Mexique*, se rattachait au *Vanilla planifolia var. Sativa*. Les trois autres se rapportaient au *V. planifolia var. sylvestris* et constituaient trois races, que nous groupâmes sous le nom de sous-variété *augusta*. Ils se distinguaient toutefois les uns des autres et nous leur conservâmes leurs dénominations locales respectives : *Tahiti, Tiare* et *Haapape*.]

Les 3 variétés de Vanille Tahiti qui furent les plus cultivées				
Variétés	**longueur de gousses**	**Résistance aux maladies**	**Floraison**	**Maturité des gousses**
Haapape	15 à 25 cm	Moyennement sensible	Moyenne	10 à 11 mois après fleurs
Tahiti	15 à 20 cm	Sensible	Moyenne	9 mois après fleurs
Rea Rea	14 à 18 cm	Sensible	Importante	9 mois après fleurs

De nos jours, la connaissance de la famille des Orchidées dotées de grandes facultés d'adaptations et de transformations (la création de nouvelles fleurs par croisement est relativement facile et bien connue des collectionneurs), donne à penser aux botanistes que les plants arrivés à la fin du XIXe siècle ont très bien pu « muter » et évoluer vers la *tahitensis* aux qualités Label Tahiti d'aujourd'hui.

Officiellement, c'est en 1933 que J.W. Moore décrivit pour la première fois le vanillier présent à Tahiti comme une espèce nouvelle et endémique. Morphologiquement en effet, les tiges, feuilles et fleurs sont différentes des variétés mères et les fruits aromatiques sont, contrairement à *V. planifolia*, indéhiscents, c'est-à-dire qu'ils ne s'ouvrent pas spontanément à maturité. Deux noms de fruits sont aujourd'hui retenus : *Tahiti* et *Haapape*. Il existe 14 cultivars de vanille tahitienne, dont certains ont des compositions aromatiques propres, récemment mises en valeur par des analyses chimiques.

Séchage des gousses dans les années 1920.

La production du passé

Avec l'arrivée, déjà très tôt sur le marché, de la vanilline synthétique qui marqua pour les producteurs une nette difficulté d'écoulement des récoltes, la progression des exportations vers l'Europe fut lente mais régulière. De 1827 à 1836, l'importation moyenne annuelle en

France fut de 5 tonnes, puis de 10 de 1847 à 1856 et 172 tonnes en 1902. À Tahiti, ce ne fut vraiment qu'en 1862 que la culture commença à progresser et le produit tahitien à être connu en Europe. Pourtant, pour ce début, un peu plus de deux hectares seulement sont consacrés à cette culture. En 1878, avec une exportation annuelle d'une demi-tonne, la vanille demeure une activité secondaire, après la canne à sucre, voire le café. Cependant, avec le temps, l'espace et les rendements augmentent en donnant 11 tonnes en 1890.

Cette progression est le fruit du travail des Tahitiens, car les Européens se détachent après 1870 de cette activité, qui demande une main-d'œuvre importante, et préfèrent se tourner vers l'élevage et surtout vers la cocoteraie. Les Polynésiens en revanche sont attirés par les vanillières qui assurent un revenu intéressant et ne nécessitent que des superficies restreintes.

Le "City of Papeete" naviguait entre Tahiti, les Marquises et les côtes lointaines du Pacifique. En 1900, à titre d'information, un trois-mâts de 700 tonneaux à destination de l'Europe embarquait 360 tonnes de coprah, 4,5 tonnes de nacre et 120 kilos de vanille.

Ainsi les producteurs connurent deux périodes fastes : la première de 1900 à 1925 avec un pic en 1910 ; la seconde, de 1934 à 1967. Pour situer l'importance de Tahiti sur ce marché, prenons les chiffres de 1921 . Cette année-là, la France reçut de ses colonies 749 tonnes de vanille dont : 491 de Madagascar, 136 de la Réunion, 98 de Tahiti, 21 de la Guadeloupe, 3 de la Martinique et 1 de l'Afrique équatoriale. Une diminution très marquée s'est produite ensuite.

Dix ans plus tard, seules 70 tonnes venues de Tahiti entrèrent en France.

Après la production maximale de son histoire locale (300 tonnes en 1949), la vanille assura jusqu'aux abords de 1960, 20 % des exportations en valeur.

À partir de là, le déclin s'amorça, probablement à cause de l'une ou des trois hypothèses suivantes :

- Un détournement subit d'intérêt des producteurs et baisse importante de la qualité. En effet, l'implantation du centre d'essais nucléaires en Polynésie française provoqua, à partir de 1958, le début des grands chantiers de transformation (urbanisme, ports, aéroports et bases militaires aux Tuamotu), un bouleversement économique qui allait changer du tout au tout l'échelle des revenus locaux. Ces salaires importants et sûrs éloignèrent certainement un grand nombre de Tahitiens de leurs activités traditionnelles.

- Une autre cause, dont l'origine aurait commencé bien avant le « choc politico-économique » de 1960, serait une préparation bâclée de la vanille afin de réduire le temps de mise sur le marché. Hypothèse vraisemblable puisque, là aussi pour accélérer les profits, la plonge à la nacre alla jusqu'à l'épuisement rapide des stocks. Autre parallèle récent de cette pratique autodestructrice, la filière perlicole commença à décliner dès lors que de nombreux opportunistes se mirent à cultiver, selon un protocole douteux, un produit de mauvaise qualité, altérant ainsi l'image marketing d'« exception » si difficilement acquise par la perle noire dans les années 1980.

- Dernière cause évoquée, un affaiblissement des plants et une qualité du produit en deçà des attentes. En effet, quelques spécialistes émirent l'hypothèse selon laquelle la nouvelle possibilité de voyager par avion (1961) aurait permis l'introduction rapide, et sans réglementation à cette époque, de nombreuses variétés d'orchidées ornementales pouvant être porteuses de virus. Ainsi, si leur cousine la vanille supportait l'agression, sa vitalité ou sa fécondité aurait pu être sérieusement diminuée.

La production en 1981 ne fut plus que de 600 kg.

Comme le montre cette image de Félix Potin, « La plus puissante Maison d'Alimentation du monde entier », la vanille, autour de 1900, s'inscrivit dans la tradition agricole des Établissements français d'Océanie.

Depuis, les autorités du Pays se sont attachées à relancer cette production, avec notamment des méthodes nouvelles visant à réduire au maximum les risques de contamination et les manques d'hygiène, mais aussi en assurant des aides techniques, de bons rendements et des contrôles stricts chez les préparateurs agréés.

LA CULTURE DE LA VANILLE Á TAHITI

Les îles Sous-le-Vent abritent, sur trois cents hectares, la plus grande partie des plantations de vanille de la Polynésie française. À Tahaa, qui porte le nom d'« île vanille », on dénombre près de trois cents producteurs, à Raiatea deux cents, et trois cents à Huahine. Tahiti et Moorea consacrent dix hectares à cette culture, et les Marquises, quant à elles, ont planté près de trois hectares.

Les méthodes de culture utilisées à Tahiti et ses îles excluent tout procédé accélérateur de sa maturation et de son rendement.

Fruits d'une longue attente surveillée, la Haapape, gorgée d'eau, vient d'être récoltée et va finir de brunir à l'ombre. Cette mise à l'écart de quelques semaines va permettre aux gousses de perdre un maximum d'humidité, avant le début du long processus de préparation du produit fini.

Les fleurs apparaissent toute l'année, avec cependant une période plus productive de juin à août. Ainsi le mariage peut être pratiqué continuellement.

Avec la fanaison de la fleur commence le rallongement de l'ovaire (faux pédoncule floral). Concentré en un épi qui sera bien visible neuf mois après le mariage de la fleur, le futur fruit, qui va perdre le reste du périanthe, commence son grossissement.

Neuf mois encore seront nécessaires à ces jeunes fruits pour devenir de véritables grappes, nommées « balais ». Elles vont murir, transpirer puis jaunir, signe de leur maturité. La variété « Tahiti » sera cueillie avant de devenir noire car les gousses pourraient se fendre durant cette dernière phase. Seule la *Haapape* peut rester sur sa liane jusqu'à ce qu'elle parvienne à sa belle couleur brune.

Le produit d'un terroir unique

La vanille a besoin d'un climat chaud et humide, d'un support d'accrochage de ses lianes et d'un certain ombrage.

En Polynésie française, elle est cultivée en plein champ ou sous ombrières.

La vanilleraie plein champ est située de préférence en hauteur, sur un terrain forestier défriché, ce qui augmente la richesse en matière organique. De plus, une situation en contrebas d'un sous-bois permet de profiter de l'humus produit. Dans cette culture, dite traditionnelle, un arbre sert à la fois de support et d'ombrage. Il s'agit du *Gliricidia maculata*, *piti* en tahitien – du *ti'a'iri popa'a*, le Ricin – du *Purau*,

Hibiscus tiliaceus – ou encore du *'aute, Hibiscus rosa sinensis*, qui servent de tuteurs et d'ombrage.

Efficacité au détriment du charme. L'ancienne culture plein champ est devenue aujourd'hui marginale ; très humide, l'ensoleillement est parcimonieux, le couvert produit un bon humus, mais les plants sont exposés à plusieurs types d'agressions. Désormais, la rigueur et les méthodes de l'ombrière prévalent.

Compte tenu des contraintes liées à ce type de culture (sol pentu, entretien, compétition entre tuteur et vanillier…), la culture sous ombrières gagne du terrain. Avec cette méthode, la toile d'ombrage limite la transmission des virus par insectes et le rendement est augmenté car le tuteur (en ciment), n'est plus en compétition avec la vanille pour le compost. Par contre elle impose une bonne aération et le drainage du sol.

La mise en place des lianes

La procédure de plantation se pratique du mois d'août au mois de mars.

Les boutures doivent être jeunes, de gros diamètre et saines. Longues de 6 à 8 nœuds, on enlève les 3 dernières feuilles et l'on coupe nettement sous le dernier nœud.

De gauche à droite : Coupe sous le noeud * Enlèvement des feuilles avec de préférence un bourgeon terminal * 6 à 8 nœuds sur toute la longueur

La cicatrisation se fera avec soin en trempant les boutures dans une préparation protectrice diluée dans 10 litres d'eau, puis en les suspendant à l'ombre et au frais pendant 2 à 3 jours. Prêtes à être plantées, elles seront ensuite liées au tuteur par 2 ou 3 brins, orientées de façon à être protégées du soleil levant.

La partie sans feuille est enfouie sous 3 à 5 cm de compost en laissant sortir du paillage l'extrémité coupée qui servira de témoin à une éventuelle pourriture.

Durant 4 semaines au minimum, les lianes sont surveillées, remplacées immédiatement en cas de pourrissement, arrosées et protégées du soleil.

La nutrition du vanillier

La liane ne pousse correctement qu'en présence d'un champignon de sol : le Rhizoctonia. En association, le vanillier et le champignon qui est présent à l'extérieur et à l'intérieur des racines de la plante ont besoin l'un de l'autre, symbiose appelée la mycorhize.

Ensemble, la plante explore une plus grande surface de sol et a donc à disposition plus de matières nutritives nécessaires à sa croissance.

Elle « digère » le champignon présent dans ses racines et utilise la matière organique, fabriquée par son hôte, pour son propre développement.

Si une plante se nourrit de matière minérale, le Rhizoctonia, lui, se nourrit de la matière organique présente dans le sol mais surtout dans le compost indispensable qu'il faut apporter.

Le compost va donc nourrir le champignon qui nourrit à son tour la vanille.

La production de compost, nous le voyons, est une tâche essentielle à adjoindre à la plantation elle-même. Tous les déchets végétaux peuvent servir à la composition du substrat : déchets de taille, bois coupé, coco, herbe fauchée, mais pour la vanille, la bourre de coco et d'autres végétaux ligneux représenteront la plus grande proportion du mélange. Ces composants, broyés, ne seront utilisés qu'après 4 à 6 semaines de maturité. Étalé autour du tuteur sur un mètre carré, le compost doit, par rajouts successifs au cours de l'année, maintenir une couche de 10 cm d'épaisseur.

Le volume nécessaire correspondra à environ 2 brouettes par tuteur et par an.

Le bouclage

Avec l'entretien de la culture, désherbage, toilettage des lianes et curage des drains (pour les ombrières), le bouclage est indispensable au renouvellement perpétuel des racines et à la formation de nouveaux brins. Quand la liane est suffisamment longue pour pouvoir rejoindre le sol (fig 1 et 2), l'extrémité est débarrassée de deux feuilles et ces nœuds sont enfouis dans le compost (fig 3).

1.

2.

3.

Le bourgeon terminal, lui, émergera près du tuteur, prêt à reprendre son ascension.

Le bouclage est continu, surtout quand la touffe commence à produire. La plante va ainsi être plus vigoureuse, plus résistante aux maladies et surtout produire davantage.

Le rendement du vanillier

Plus une touffe contient de réserves, plus elle est apte à produire des fruits. Ces réserves, qui sont contenues dans la tige des lianes, seront améliorées avec la technique du bouclage.

Dès lors que la liane est vigoureuse, elle utilisera ses réserves pour la floraison, pour la formation et le grossissement des gousses et pour la naissance de nouvelles lianes. Ces besoins seront toujours compensés par un bouclage suffisant.

Cependant, pour optimiser la croissance et la vigueur des touffes, le « mariage » des fleurs ne s'opérera qu'à partir de la 2e année. Le mariage, c'est-à-dire la pollinisation, va alors être assuré manuellement fleur par fleur car, hermaphrodite, elles ne peuvent s'auto-féconder à cause de la présence du rostellum. L'opération pourra s'étaler entre juillet et octobre, par temps sec, et seulement le matin. 4 à 5 fleurs par épi peuvent être mariées la 2e année, puis 10 à 12 par épi les années suivantes si le plant est vigoureux. Afin d'éviter d'épuiser la plante inutilement, le bout de l'épi sera coupé après l'apparition du 12e bouton floral. Deux mois après le mariage, des ensembles de fruits, appelés « balais », vont se former. Les gousses trop courtes ou tordues seront éliminées, laissant les autres poursuivre un grossissement parfait. Il ne reste alors que 6 à 12 balais par tuteur, avec 6 à 10 gousses par balai, soit une centaine de gousses par plant. La gousse est mûre au bout de 9 mois.

De verte elle devient jaune puis brune : on peut alors la récolter, généralement en avril, mai et juin.

Une préparation lente et rigoureuse

L'originalité de la vanille de Tahiti, d'abord génétique puis agronomique et climatique, prend toute sa dimension lorsque le savoir-faire ancien des Polynésiens intervient dans sa préparation.

La préparation, spécifique à Tahiti, est basée sur une récolte à pleine maturité et sur un brunissement naturel.

Au cours de cette préparation, les gousses perdent une partie de leur eau (ce qui permet une meilleure conservation) et les arômes se développent et se concentrent.

Trois étapes sont nécessaires à cette préparation parfaite :

- Après la coupe, les gousses sont mises à l'ombre puis lavées et séchées.

- Elles sont exposées au soleil dans la journée et enveloppées la nuit dans du tissu pour poursuivre leur sudation : leur taux d'humidité passe alors de 80 % à 55 %. C'est à ce moment qu'une huile se dépose à la surface des fruits. Ils deviennent alors souples et brillants, caractérisant ainsi la vanille de Tahiti.

- La dernière opération consiste en un séchage à l'air, à l'ombre.

Cet affinage tient une part importante dans l'évolution de l'arôme. Lors du séchage, la perte d'eau est supérieure à la perte en arômes. Ainsi, au final, la concentration en composés d'arômes des gousses séchées est plus importante qu'au moment où la gousse était récoltée.

La maîtrise de la préparation est le fruit d'une expertise centenaire qui se transmet de génération en génération.

UN ARÔME SPÉCIFIQUE ET PUISSANT

La vanille tahitienne est considérée par les utilisateurs professionnels comme un produit haut de gamme. Elle est réputée pour sa texture brillante et souple et pour la teneur aromatique de ses gousses. Son originalité tient, bien entendu, à ses caractéristiques génétiques mais également à l'environnement favorable que lui offre la Polynésie française grâce à la nature de son sol, à son climat et surtout grâce à l'expertise des cultivateurs et des préparateurs locaux.

Lorsque les gousses de vanille sont vertes, elles ne dégagent aucune odeur. L'arôme proprement dit ne s'exprimera qu'après le procédé de préparation qui va permettre de libérer les molécules possédant des propriétés olfactives. La teneur de ces molécules aromatiques varie au cours de la longue préparation et selon le taux d'humidité de la gousse. Les analyses chimiques menées depuis de nombreuses années ont permis de mettre en avant la spécificité aromatique de la vanille de Tahiti. Onze molécules principales permettent de distinguer les gousses de différentes espèces et de différentes origines de production.

COMPARAISON DE LA COMPOSITION EN MOLÉCULES AROMATIQUES DES DEUX VANILLES LES PLUS CONNUES *Les valeurs sont exprimées en ppm par rapport à la matière fraîche.*		
Composés	***Vanilla planifolia*** MADAGASCAR	***Vanilla tahitensis*** TAHITI
alcool p-hydroxybenzylique	180 - 220	670 -750
acide p-hydroxybenzoïque	120 - 1 900	136 - 5 890
p-hydroxybenzaldéhyde	130 - 1 630	850 - 1 500
acide vanillique	400 - 1 920	112 - 6 797
vanilline	2 000 - 27 900	4 450 - 15 200
alcool anisique	--	1 165 - 6 471
acide anisique	--	4 290 - 7 200
anisaldéhyde	--	160 - 230
acide protocatéchique	--	230 - 310
aldéhyde protocatéchique	50 - 60	110 - 160
acide syringique	3 630 - 3920	230 - 270

L'arôme de vanille est composé de plus de deux cents molécules.
Se référer à : Brunschwig, 2009, *Contribution à la caractérisation phytochimique et sensorielle de la vanille de Tahiti*, thèse, Université de la Polynésie française.

Dans la vanille tahitienne, la vanilline ne participe que faiblement à l'arôme total, et les composés anisés sont présents en quantité plus importante. Les composés anisés tels que l'alcool anisique et l'aldéhyde anisique jouent un rôle essentiel, car ils sont en grande quantité tout en ayant un impact olfactif important, contrairement à la vanilline. La vanille *tahitensis* de Polynésie française se distingue de la vanille *planifolia* par un profil sensoriel plus rond, plus équilibré, et peut être caractérisées par des notes « caramel » et « anisée », alors que la vanille Bourbon est plus « fruitée/pruneau », « boisée » ou encore « épicée ». Elle est aussi différente de la vanille *tahitentis* cultivée en Papouasie Nouvelle-Guinée car elle est plus « vanillée » et moins « boisée », « fumée ».

Des acides gras pour fixer les arômes

Si les propriétés organoleptiques des gousses de vanille sont principalement dues à la présence de molécules volatiles odorantes, les lipides ont aussi un rôle à jouer en modifiant la perception de l'arôme. Pendant la préparation, ils peuvent fixer les molécules volatiles et limiter leur échappement des gousses.

Les gousses tahitiennes sont plus riches en acides gras que les autres vanilles (en moyenne 2,5 % contre 1,2 à 2,4 % pour *Vanilla planifolia*) ce qui explique en partie cet aspect huileux et souple si attractif.

Un contrôle-qualité rigoureux

La garantie de qualité a nécessité la mise en place d'une réglementation qui intervient à tous les stades : cueillette, préparation, commercialisation, conditionnement, exportation.

Des « comités de surveillance des vanilles mûres » contrôlent la maturité, la taille, la texture des gousses.

La préparation est réservée aux titulaires de brevets de préparateurs (ils sont actuellement une dizaine) délivrés par le Ministère de l'agriculture ; ces préparateurs ne doivent utiliser que des procédés naturels. Ils classent les gousses en trois catégories : Extra, Première catégorie, Deuxième catégorie, puis un dernier contrôle est exercé par des experts territoriaux assermentés et agréés en matière de répression des fraudes. Les plus beaux fruits, dits « vanille ménagère », sont destinés à la vente au détail : ils ne doivent être ni fendus, ni ragués (c'est-à-dire qu'ils doivent être dépourvus de cicatrices), ni secs.

Pour le calibrage, les gousses sont triées selon leur longueur, les plus longues sont les plus prestigieuses.

ATTENTION, la vanille de Tahiti ne se conserve pas au réfrigérateur mais à température ambiante dans un bocal hermétique, sous peine de casser son arôme. Pour qu'elle livre tout son parfum, il faut que les petites graines contenues dans la gousse se répandent dans la préparation. Les graines coagulées en pâte noire ne donneront pas de saveurs particulières. Les gousses de bonne qualité se reconnaissent à un aspect un peu gras et à leur souplesse.

Gamme de produits dérivés made in Tahiti.

Les utilisations de la vanille

Outre la demande de particuliers sensibles à son utilisation en cuisine, de grands secteurs sont concernés.

L'industrie agro-alimentaire, qui représente 80 à 85 % de la demande mondiale, avec les chocolatiers et glaciers industriels et les fabricants de sodas. Ainsi, la seule décision de Coca-Cola de proposer sa boisson vedette « parfumée à la vanille » a suscité une hausse de 10 % de la demande mondiale. Or, la recette originale comprend, depuis son invention, de la vanille naturelle. Cette entreprise est dès lors la plus grande utilisatrice au monde.

L'industrie du cosmétique fabriquant des parfums et autres produits de soins. Jicky créé par Guerlain donna déjà en 1889 un fond de vanille aux parfums de prestige.

Parmi quelques exemples de compositions arrondies de l'arôme naturel de vanille, furent créés ; Must de Cartier, Shalimar de Guerlain, Coco de Chanel, Tocade de Rochas, Hypnotic Poison de Dior ou Vanilla Field de Coty.

Concurrence des arômes industriels

Déjà en 1874 un chimiste allemand réalisa une première synthèse artificielle de la vanilline à partir de coniférine extraite de la résine d'épicéa, en extrait naturel ou alcoolique, sous forme d'oléosrésine de vanille ou encore d'absolue. L'oléorésine, produit dérivé de la vanille, est obtenue par extraction. Un kilo d'oléorésine équivaut à trois kilos de vanille en vrac. Il s'obtient par transformation de la gousse en un concentré, étape préalable à l'absolue de vanille recherchée par les parfumeurs.

Mais c'est surtout en employant l'engénol, extrait du clou de girofle, que se développa le commerce de la vanilline de synthèse.

Grâce à son faible coût de production, ce produit, imitant l'arôme de la vanille, prit de plus en plus d'importance dans l'alimentation comme dans l'industrie des produits parfumés (savonnerie, odeurs d'ambiance, déodorants, etc).

On estime actuellement la production annuelle de vanilline industrielle à 15 000 tonnes, alors que la vanilline naturelle qui pourrait être extraite de la totalité de la production mondiale de la vanille-gousse, représenterait moins de 50 tonnes. Parce que la molécule est chimiquement la même que celle présente dans la nature, la vanilline produite industriellement est qualifiée d'arôme nature-identique.

Au plan de la réglementation européenne, le produit industriel peut être signalé par la simple mention d'arôme, alors qu'en droit américain, il faut parler d'*artificial flavouring*. En revanche, de partout l'appellation « arôme naturel » est réservée à l'emploi de la vraie vanille. Les fabricants de produits alimentaires s'évertuent cependant à suggérer l'idée de vanille, même quand il n'y a aucune trace naturelle, soit par des formules sans valeur juridique du type « saveur vanille » ou « goût vanille », accompagnées souvent d'illustrations fantaisistes de fleurs ressemblant à des jonquilles.

*De gauche à droite : Extrait de vanille * Sucre aromatisé à l'extrait pur de vanille * Poudre de vanille obtenue par déshydratation et fin broyage des gousses*

Attention aux extraits de vanille

La vanilline produite dans les gousses est aussi présente dans d'autres plantes. Certains conifères contiennent de la vanilline dans leur écorce et la sève de sapin peut en contenir. Elle est d'ailleurs retirée de la pulpe du bois lors des procédés de fabrication du papier.

La vanilline est seulement l'un des 150 composants chimiques qui permettent la fragrance et le goût de la vanille. La vanilline des conifères ne peut donc qu'imiter partiellement le goût de la véritable vanille. Une autre substance proche de l'odeur de la vanille est la « coumarine », présente dans diverses plantes (fève *Dipterix odorata*, herbes, feuilles et racines), elle était utilisée pour parfumer le tabac. La coumarine est également utilisée comme substitut de la vanille en parfumerie, pour masquer le goût de médicaments et aussi comme faux extrait de vanille. En médecine, l'un de ses composants, « dicumarol » est un anti- coagulant, et il est employé parfois comme poison contre les rats car il cause des hémorragies internes. En large doses, la coumarine pourrait causer des dommages au foie et aux reins, ou même arrêter le cœur. Interdit dans l'alimentation dans plusieurs pays depuis les années 50, la coumarine est cependant souvent ajoutée dans les vanilles bon marché au Mexique.

———

A PROPOS DE L'AUTEUR

Jean-Louis Saquet est arrivé en bateau à Tahiti en 1970, où il rejoint
alors le tout premier éditeur local : Les Éditions du Pacifique,
dirigées par Didier Millet.

Par la suite, Jean-Louis s'expatriera temporairement pendant 3 ans
à Aix-en-Provence, où il réalisera une collection historique
pour la Corse.

Puis en 1984, il prendra en charge la direction artistique et technique
de L'Encyclopédie de la Polynésie en 9 volumes, ainsi que du DIP
(Dictionnaire illustré de la Polynésie) en 4 volumes, un chantier de
trois années qu'il conduira pour Christian Gleizal éditeur.

En 1987 il fonde sa propre enseigne (Polymages) avec un premier
titre, Te Fenua, qui a connu, et connait encore,
un succès remarquable à Tahiti.

En 1991, il sera contacté par C. Robert pour créer les éditions Scoop
(qui deviendront plus tard « Au vent des îles »), et en deviendra,
avec Christian Robert et Yvan C. Goudard,
l'un des trois piliers fondateurs.

Il y créera notamment la « collection Survol ».

Il quittera la structure au bout de quelques années pour se consacrer
à développer une fructueuse production personnelle (dont « La

Vanille de Tahiti », « Histoire de l'Aviation en Polynésie française »,
« Les Lagons », etc) et à offrir son savoir-faire pour de nombreuses
prestations éditoriales.

Jean-Louis est également un illustrateur connu et reconnu, ayant a
son actif de nombreuses réalisations. Son talent l'amène a réaliser
régulièrement, entre autre, de nouveaux timbres pour l'Office des
Postes et Télécommunications de Polynésie française.

Auteur : Jean-Louis Saquet - Édité par Yvan C. Goudard

Une Publication de Rhetorical Ratatouille

Découvrez Rhetorical Ratatouille sur
http://www.rhetorical-ratatouille.com

www.ingramcontent.com/pod-product-compliance
Lightning Source LLC
Chambersburg PA
CBHW050828290526
45792CB00001B/307